돌봄의 영성

A Spirituality of Caregiving

Originally published in the U.S.A. under the title: *A Spirituality of Caregiving*
Copyright © 2011 The Henri Nouwen Legacy Trust.
All rights reserved.

Korean edition copyright © 2014 by Duranno Press, 38 Seobinggo-ro 65-gil,
Yongsan-gu, Seoul, Republic of Korea
This translation published by arrangement with Upper Room Books
through Riggins International Rights Service, Inc.

본 저작물의 한국어판 저작권은 Riggins International Rights Service, Inc.를 통하여
Upper Room Books와 독점 계약한 두란노서원에 있습니다.
신 저작권법에 의하여 한국 내에서 보호받는 저작물이므로 무단전재와 무단복제를 금합니다.

Materials used with permissions:
1. *Here and Now* by Henri Nouwen. (New York: Crossroad, 1994).
Reprinted with permission by The Crossroad Publishing Company.
www.crossroadpublishing.com
Korean edition available under the title: 여기 지금 우리와 함께 하시는 하나님(은성, 2000)
2. *Adam: God's Beloved* by Henri Nouwen(1997).
Reprinted with permission by Orbis Books.
Korean edition available under the title: 아담, 하나님이 사랑하시는 자(KIVP, 2000)

헨리 나우웬의 일상의 예배 3
조건 없이 사랑받고 사랑하는 하루
돌봄의 영성

지은이 | 헨리 나우웬
엮은이 | 존 모개브개브
옮긴이 | 윤종석
초판 발행 | 2014. 2. 17
10쇄 발행 | 2024. 5. 12
등록번호 | 제3-203호
등록된 곳 | 서울특별시 용산구 서빙고로65길 38 두란노빌딩
발행처 | 사단법인 두란노서원
영업부 | 2078-3333 FAX | 080-749-3705
출판부 | 2078-3444

책값은 뒤표지에 있습니다.
ISBN 978-89-531-2010-5 03230

독자의 의견을 기다립니다.
tpress@duranno.com   http://www.duranno.com

두란노서원은 바울 사도가 3차 전도 여행 때 에베소에서 성령 받은 제자들을 따로 세워 하나님의 말씀으로 양육
하던 장소입니다. 사도행전 19장 8-20절의 정신에 따라 첫째 목회자를 돕는 사역과 평신도를 훈련시키는 사역,
둘째 세계선교(TIM)와 문서선교(단행본·잡지) 사역, 셋째 예수문화 및 경배와 찬양 사역, 그리고 가정·상담 사역 등을
감당하고 있습니다. 1980년 12월 22일에 창립된 두란노서원은 주님 오실 때까지 이 사역들을 계속할 것입니다.

헨리 나우웬의 일상의 예배 3

조건 없이 사랑받고 사랑하는 하루

돌봄의 영성

헨리 나우웬 지음 | 윤종석 옮김

두란노

꿈을 말하고, 성공을 이야기하는 책들은 비교적 편하게 읽을 수 있다. 그러나 행위에 숨겨진 '존재'를 깨닫게 하는 책을 읽는 일은 언제나 모험이다! 헨리 나우웬의 이 얇은 책도 그러하다.

10년 동안 병으로 누워 있는 아내를 돌보다가 '쉬고 싶다, 지쳤다, 이제 그만하고 싶다'는 생각이 밀물처럼 들어왔을 때, 이 책이 내 손으로 밀려들었다. 이 책은 질병의 고통 속으로 자진해서 걸어 들어왔던 처음 마음은 시간이 흐를수록 희미해지고, 어느새 냉소적으로 고통을 대하는 나를 발견하게 했다. 돌봄을 폭력으로 바꾼 나!

함께함을 누구보다 갈망하면서도 자기를 내주지 못하는 이 세대, 누구나 겪는 고통 속으로 들어가기를 주저하고 두려워하는 이 세대가 꼭 읽어야 할 책이다. 왜냐하면 돌봄과 고통을 거부하는 행위는 곧 '하나님의 긍휼'을 거부하는 것이기 때문이다. 나와 너, 우리 가운데 내주시는 그분을 만나고 싶은 사람들에게 이 책을 권한다.

_김병년 목사 「바람 불어도 좋아」 저자

『돌봄의 영성』은 서로 돌보는 기쁨과 고뇌에 관한 헨리 나우웬의 묵상을 정성들여 한데 모은 통찰력 있는 책이다. 친밀한 도움이 필요한 사람들을 상대로 직접 '불 시험'을 경험한 저자는 돌봄의 양면성을 진술하고 깊이 있게 파헤치고 있다.

돌보는 일은 한편으로 선물이지만 또한 신체적, 정서적, 영적으로 엄청난 도전이기도 하다. 저자가 몸소 씨름하며 깨달았듯이 돌봄이란 영적으로 함께 있으면서 양쪽 다 사랑 안에서 자라가는 소명이며, '돌보는 사람과 돌봄을 받는 사람이 내적 치유와 해방과 변화를 경험하는 기회'이다.

실제적이면서도 감동적인 이 책은 돌봄을 베푸는 전문인과 일반인은 물론 돌봄을 받는 사람에게도 돌봄을 새로운 관점에서 보게 한다. 그 관점은 희망과 약속, 그리고 무엇보다 축복으로 가득 차 있다!

_제인 티볼트 루이빌대학교 의과대학 노인의학 임상교수

남을 돌보는 사람은 고통과 무력감과 영적 고갈에 빠지기 쉽지만 동시에 축복도 누릴 수 있다. 헨리 나우웬은 그것을 뼛속 깊이 알던 사람이다. 이 교훈적인 소책자에 이 주제에 관한 그의 탁월한 지혜가 담겨 있다. '말로 다 표현할 수 없이 깊은 진리와 주체할 수 없을 만큼 풍부한 아름다움'을 다시 한 번 그에게 빚진다. 현재 남을 돌보고 있거나 앞으로 돌보려는 사람이라면 누구나 치유와 변화를 가져다주는 이 지혜가 필요하다.

_돈 E. 샐리어스 에모리대학교 신학 명예교수

contents

《헨리 나우웬의 일상의 예배》 시리즈를 펴내며

헨리 나우웬은 늘 삶의 핵심에 가닿으려 했고, 결코 주변에서 기웃거리는 정도로 만족하지 않았다. 그래서 새로운 경험과 관계에 대한 그의 접근은 거침이 없었다. 헨리는 어린아이처럼 열렬한 기대감을 품고 세상을 바라보았고, 그에게는 조건 없이 사랑하시는 하나님을 삶의 한복판에서 만나리라는 확신이 있었다. 헨리의 삶과 사역은 우리에게 일상의 현장에서 그 하나님을 알아보게 해주려는 부단한 열정의 산물이다.

《헨리 나우웬의 일상의 예배》 시리즈는 현대의 제반 이슈와 관심사에 긍휼로 천착한 헨리의 유산을 되살린 것이다. 헨리나우웬협회와 어퍼룸미니스트리(Upper Room Ministries)의 협력으로 만들어진 이번 시리즈는 헨리가 마음에 두었던 여러 가지 주제를 참신하게 제시하고 있다. 하나님이 우리 일상 속에 생각보다 가까이 계심을 시리즈의 각 책을 통해 깨닫게 되기를 바란다.

헨리 나우웬은 감정의 사람이었다. 헨리는 누군가에게 반응한다거나, 누군가를 달래주고, 위로하고, 격려하고 싶은 갈망을 알았다. 그가 아주 어려서부터 양육하는 사람(목회자, 친구, 형제, 교사, 작가)이 되려고 한 것도 어쩌면 그래서일 것이다.

내 생각에, 그는 젊었을 때 자기희생과 자아실현에 대한 기대치가 높았고, 대학 강단에서 교수로 활동하던 성년 초기에 그 꿈을 대부분 이루었다. 학생들의 삶을 정립시켜주려는 열정에서 헨리는 학생들을 창의적인 기도와 토의로 끌어들였고, 강의 시간 외에도 함께 만나 교제와 대화를 시도했다. 그는 교수만이 아니라 학생들의 친구이자 형제가 되어준 것이다.

그러나 시간이 가면서 헨리는 우정의 실패, 심한 고립, 피로, 분노, 원망을 맛보았다. 아마 그가 너무 혼자였고, 무리하게 밀어붙였고, 역기능적인 제도에 묶여 있었기 때문일 것이다. 게다가 헨리는 다른 교수들에게 비판마저 받았다.

본인도 점차 깨달았듯이 양육에 쏟아붓던 그의 에너지는 시들해졌고, 자기희생의 마음도 내적 갈등과 해결되지 않은 분노로 점점 얼룩져갔다.

이를 계기로 헨리는 7개월 동안 트라피스트회 수도원에서 안식년을 보내며, 삶을 멈추고 자신의 의문을 정직히 들여다보았다.

그에게는 남을 돌보려는 자신의 갈망이 잘못된 게 아님을 아는 지혜가 있었고, 현명한 친구들에게 자신의 냉소를 솔직히 털어놓고 조언을 듣는 겸손함이 있었다. 아울러 자기 내면에 필요한 변화를 일으키는 일에 착수하는 용기도 있었다. 돌봄을 베풀려는 지극히 인간다운 열망으로 다시 사람들에게 활력과 희망을 줄 수 있으려면 먼저 자신부터 달라져야 했던 것이다.

이후 몇 년 동안 헨리는 다른 이를 돌보려는 원초적 갈망을 버리지 않으면서도 여러 시행착오를 거쳐 자신의 삶에 근본적인 변화를 단행했다. 마침내 라르쉬에 정착한 그는 공동체의 일원인 아담을 책임지고 돌볼 준비가 되어 있었다. 물론 헨리는 자신이 한없이 부족하다는 걸 알았다. 사람들의 회고에 따르면, 그곳에 온 지 얼마 되지 않았을 때 헨리는 아담을 맡아달라는 공동체의 부탁에 몸을 사렸다.

처음에는 그 일이 엄두가 나지 않아서 아담 말고 다른 사람을 맡겨달라고 청하기도 했다. 아담은 몇 가지 장애 외에 언어 장애까지 있었다. 그러다 보니 아담을 목욕시키는 일은 '함께하는' 시간이 되기 힘들었고, 옷을 입히고 음식을 먹이는 일도 아담을 '알아가는' 기회가 되기 힘들었다. 헨리는 그 점을 몹시 불안해했다.

　　본래 말수가 많던 헨리는 대부분 대화를 통해 대인관계를 맺어왔는데, 아담과는 그런 잡담을 주고받을 수 없었다. 그래서 아담과 함께하는 시간이 헨리에게는 필요한 당면 과제를 수행하는 시간이라기보다, 소통하고 '함께하는' 다른 방식을 찾는 시간이었다. 헨리는 그 사실을 늘 상기해야 했다. 아주 서서히 아담은 헨리의 마음에서 특별한 자리를 차지하는 친구가 되었고, 이를 통해 헨리는 돌봄의 영성을 명확히 정리할 수 있었다.

이 책에 소개된 헨리의 이야기는 우리에게 귀한 깨달음을 준다. "아담은 내 친구이자 스승이자 길잡이가 되었다."

그것이 결국 헨리의 고백이 되었다.

하지만 사실 그런 고백은 아담 쪽에서 나와야 하는 게 아닐까? 대개는 약자인 환자가 자신을 잘 돌봐주는 사람에게 깊은 고마움을 느끼는 법이다. 그런데 이 경우는 돌봄을 베푸는 강자가 '제 구실을 못하는' 사람에게서 한없이 값진 선물을 받았다!

이것은 약한 사람과 강한 사람이 서로 조우하는 쌍방적 관계로서 대체로 아름다우면서도 종종 스트레스가 수반되는데, 이 관계가 바로 헨리가 말하는 돌봄의 영성의 핵심이다. 헨리는 양육자로 살아온 경험을 바탕으로 이 관계의 필요성을 역설한다. 그것이 기본 관계임을 우리도 다 알지만, 평소에는 자기 힘으로 살려고 안간힘을 쓰느라 잊고 있을 수 있다.

일상 가운데 우리는 너무 혼자이거나, 몹시 피로하거나, 낙심에 빠져 있거나, 역기능적인 의료 체계에 묶여 있다.

그래서 헨리가 말하는 돌봄의 영성은 우리에게 다른 방식으로 해볼 것을 독려한다. 일반적으로 타인을 돌보는 사람들은 자신의 부정적인 감정과 불안을 억압한 채, 매일의 돌봄이라는 끊임없고 불가피한 실무에 파묻힌다. 두 사람 사이에서 생동감 있는 인간적인 교류는 찾아보기 힘들다. 헨리도 경험을 통해 그것을 알았다. 그는 차가운 분노, 뒤섞인 감정, 죄책감 따위가 쌓이는 것을 경험했다. 인정과 지지와 위안을 얻고 싶은 내면의 절규도 느꼈고, 자신의 부족함도 뼈저리게 맛보았다.

활력을 주는 더 보람 있는 목표를 향해 창의적으로 나아가려면 시간과 힘을 들여야 하는데, 다른 이를 돌보는 사람들은 그 과정에서 자신의 한계를 느끼기 마련이다.

헨리의 부드러운 도전은 그의 긍휼에서 비롯된 것이다. 그의 간절한 바람은 우리가 용기를 내서 다시 마음을 열고 지극히 인간다운 열망을 되찾는 것이다.

이 책에는 시간을 내서 어려운 사람과 '함께하는' 방법이 소개된다. 헨리의 이런 제안은 우리를 격려하기 위한 것이다. 덕분에 우리는 끝까지 단념하지 않고 힘겨운 관계의 고통을 견뎌낼 수 있으며, 비록 눈에 보이거나 귀에 들리거나 손에 잡히지 않더라도 중요하고 진실한 가치를 고수할 수 있다.

책을 읽는 중에 우리도 잠깐씩 헨리의 돌봄을 받을 것이다. 정말 나를 이해하고 걱정해주는 사람, 참된 내 친구이자 스승이자 길잡이가 되어주려는 사람이 있음을 잠시나마 느낄 수 있을 것이다.

헨리는 인간의 마음속에 있는 가장 깊은 열망이 돌봄을 통해 실현될 수 있다고 확신했다. 앞서 간 그가 이제 우리를 그 길로 부른다. 지혜와 용기를 얻어서 당면한 현실을 더 온전히 품으라고 부르고 있다. 경험을 바탕으로 헨리는 사랑하는 마음에서 이런 약속과 희망의 말로 우리를 응원한다.

"돌봄이란, 돌보는 사람과 돌봄을 받는 사람이 내적 치유와 해방과 변화를 경험하는 기회다."

수 모스텔러(Sue Mosteller), CSJ
헨리나우웬유작센터

너희 아버지의 자비로우심같이
너희도 자비로운 자가 되라(눅 6:36).

A Spirituality of
Caregiving

우리에게는
서로가 필요하다

그리스도인으로 산다는 건
혼자서 되는 일이 아니다. [1]

돌봄(care)이란 무엇인가? 이 말의 어원인 "kara"라는 단어는 '슬퍼하다, 애통하다, 고난에 동참하다, 고통을 나누다'라는 뜻을 가지고 있다. 돌봄이란, 병들고 혼란스럽고 외롭고 고립되고 잊힌 사람들과 함께 부르짖는 것이다. 즉 그들의 고통이 내 마음속에도 있음을 인식하는 것이다.

돌봄이란, 깨어지고 무력한 사람들의 세상 속에 들어가 그곳에서 연약한 사람들끼리 교제를 나누는 것이다. 또한 고통당하는 사람들 곁에 있어주되 상황이 호전될 가능성이 전혀 없을지라도 계속 같이 있어주는 것이다.

돌봄은 인간의 모든 몸짓 중에서 가장 인간다운 것이다. 그 몸짓은 우리 모두에게 서로가 필요하고 긍휼의 은혜가 필요하다는 용감한 고백에서 비롯된다. 긍휼이 우리를 나와 같은 형제자매들과 하나로 묶어준다. 그들도 나처럼 경이로움과 고통이 어우러진 인생길을 걷고 있다.

서로 돌보는 행위를 통해 당신과 나는 큰 보물을 얻는다. 돌봄은 단순히 문제를 해결하는 것에 집중하는 게 아니라 그 이상의 것을 품는다. 그것이 돌봄의 큰 재산 중 하나다.

돌봄이란, 돌보는 사람과 돌봄을 받는 사람이 내적 치유와 해방과 변화를 경험하는 기회다. 돌보는 사람이나 돌봄을 받는 사람이나 모두 강한 면도 있고 약한 면도 있다. 그 내용만 서로 다를 뿐이다. 그래서 돌보는 관계로 만난 두 사람은 서로 마음을 열고, 예기치 못한 선물을 받을 수 있다.

이 책이 이웃을 돌보는 사람들에게 도움이 되었으면 좋겠
다. 어쩌면 당신도 신체적, 정서적, 심리적으로 혼자서는 제 기능
을 다할 수 없는 사람들을 돌보고 있는 상황일지 모른다.

돌봄을 받는 이들은 병원이나 시설, 혹은 양로원이나 자택
에 머물고 있을 것이다. 이러한 상황에 함께하며 남을 돌본다는
것이 얼마나 힘든 일인지 우리 중 많은 사람이 경험으로 안다.

하지만 생각해보면 돌봄을 받는다는 것도 참 힘든 일이다. 양쪽 다 쉽지 않기는 마찬가지다! 돌봄을 주고받는 일이 이처럼 만만치 않은 도전이긴 하지만, 그래도 나는 좀 더 사랑하고 존중하는 쌍방적인 관계가 가능하다고 진심으로 믿는다. 그러한 영적 유대감이 형성되면 양쪽 다 새롭게 만족과 내적 치유를 얻을 수 있다.

A Spirituality of
Caregiving

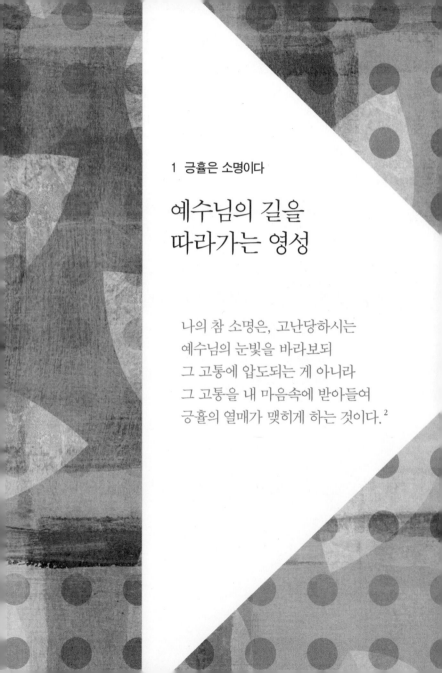

1 긍휼은 소명이다

예수님의 길을
따라가는 영성

나의 참 소명은, 고난당하시는
예수님의 눈빛을 바라보되
그 고통에 압도되는 게 아니라
그 고통을 내 마음속에 받아들여
긍휼의 열매가 맺히게 하는 것이다.[2]

예수님은 사도들에게 "너희는 내가 명하는 대로 행하면 곧 나의 친구라"(요 15:14)라고 말씀하신다. 그런데 그 예수님이 명하신 건 바로 이것이다. "너희 아버지가 긍휼히 여기시는 것같이 너희도 긍휼히 여기라"(눅 6:36, NJB).

긍휼을 품는 건 힘든 일이다. 힘없고 약하고 외롭고 깨어진 사람들이 있는 곳으로 가려는 내적 성향이 필요하기 때문이다. 그리고 이것은 우리가 고난 앞에서 보이는 자발적인 반응이 아니다. 우리는 어떻게든 고난을 없애려 한다. 그래서 고난을 외면하거나 신속한 해결책을 찾으려 한다.[3]

그러나 하나님이 우리에게 주신 가장 큰 선물은 고난당하는 사람들과 연대를 이루는 능력일 것이다. 긍휼과 비판은 공존할 수 없다. 비판이란 남과 나를 구별해서 거리를 두는 행위인데, 그래서는 참으로 이웃과 함께 있을 수 없기 때문이다.[4]

나 자신의 삶을 돌아보면, 가장 위로와 격려가 되었던 때는 누군가 내게 이렇게 말해준 순간들이었다. "나는 당신의 고통을 없애줄 수 없습니다. 문제의 해답을 내놓을 수도 없어요. 하지만 이것만은 약속할 수 있습니다. 당신을 혼자 두지 않고 최대한 끝까지 붙들어주겠습니다."

우리 삶에는 슬픔과 고통이 많이 있지만, 슬픔과 고통을 혼자서 당하지 않아도 되니 얼마나 축복인가? 이것이 바로 긍휼이라는 선물이다.[5]

존재 대 존재로 소통하는 훈련

내 삶을 바꾸어놓은 돌봄의 경험을 하나 나누고 싶다. 내 나이 쉰다섯 살에 있었던 일이다. 당시 나는 목회자, 사제, 교수, 작가로서 다른 사람들을 돌보는 일을 전업으로 하고 있었다. 자세히 말하자면, 그때가 하버드대학교에서 가르치던 일을 그만두고 중대한 변화를 거쳐 캐나다의 라르쉬 데이브레이크 공동체로 이주한 직후였다. 나는 라르쉬에서 장애인들과 그들을 돕는 사람들과 함께 생활하며 목회하고 있었다.

1986년 8월에 데이브레이크에 도착해서 나는 아담을 처음 만났다. 아담은 아주 귀하고 온순한 남자였지만, 당시에 우리 공동체에서 가장 장애가 심한 사람이었다. 공동체에 들어간 지 얼마 되지 않아서 나는 아담이 하루를 시작할 수 있도록 아침마다 준비시켜달라는 부탁을 받았다.

아담을 도우려면 우선 아침 7시에 깨워서, 목욕시키고, 면도해주고, 옷을 골라 입히고, 머리를 빗어주고, 아침을 차린 뒤 부엌으로 그를 데려가고, 먹고 마시는 걸 도와주고, 이를 닦아주고, 겉옷을 입히고, 장갑을 끼우고, 모자를 씌우고, 휠체어에 앉힌 다음, 휠체어를 밀고 수백 미터 떨어진 학교까지 가야 했다.

나는 이 모든 과정을 돕는 것이 엄두가 나지 않았다! 도저히 감당할 수 없을 것 같았다.

"아담이 넘어지면 어떡하지? 걸을 때는 어떻게 부축하지? 내가 다치게 해도 아담이 말을 못하면 어떡하지? 발작이라도 일으키면 어떡하지? 옷을 입힐 줄도 모르는데! 잘못될 수 있는 일이 너무 많아. 게다가 나는 아직 아담과 아는 사이도 아니잖아. 나는 간호사가 아니야. 이런 일을 교육받지 못했다고!"

이런 많은 반론 가운데 더러는 내 입 밖에 냈고, 대부분은 속으로만 생각했다. 하지만 나의 반론에 대한 공동체의 답변은 명확하고 단호했다. 공동체 사람들은 나를 이렇게 안심시켜주었다.

"당신은 할 수 있어요. 우선은 우리가 도와줄 것이고, 마음이 편해질 때까지 시간도 충분히 드리겠습니다. 마음의 준비가 되면 그때부터 혼자 하면 됩니다. 그때도 질문이 생기면 언제든 우리한테 전화하면 되고요. 시간이 걸리겠지만 차차 익숙해질 거예요. 반복되는 일과가 몸에 밸 겁니다. 무엇보다 아담과 서로 알아가게 될 거예요."[6]

처음에는 아담이 나와 아주 달라 보였다. 둘의 관계가 발전되리라는 기대감이 전혀 없었다. 아담이 말을 할 수 없었기 때문이다. 나는 염려가 떠나지 않아서, 자꾸 사람들에게 이렇게 물었다. "왜 이 일을 나한테 맡깁니까? 아담을 돌보는 사람이 왜 하필 여기서 가장 능력이 떨어지는 나여야 합니까? 장애 정도가 좀 덜한 사람도 있는데 왜 하필 아담을 돌보라고 하는 겁니까?"

이는 나 자신에게 하는 질문이기도 했다. 하지만 답변은 늘 똑같았다. "그래야 당신이 아담을 알아갈 수 있으니까요."

나는 그 말이 이해가 가지 않았다. 아담은 종종 시선만 나를 따라 움직일 뿐 한 번도 말을 하거나 내 질문에 반응한 적이 없었다. 아담은 내가 잘해도 웃지 않았고, 실수해도 지적하지 않았다. 대체 나를 알아보기나 하는지 그것조차 의문이었다. 그런 아담을 어떻게 알아간단 말인가?

내가 최대한 실수를 줄이고 일을 제대로 하는 데 집중한 결과, 마침내 반복되는 일과를 몸에 익혔다. 매일 두 시간씩 아담과 함께 보내면서 점차 자신감이 생겼다. 그러면서 아주 조금씩 변화가 나타났다. 자신감과 여유가 생기자 아담이라는 존재와 진정으로 만나는 것에 내 마음과 생각이 열렸다. 이제 우리 둘은 인생의 길동무가 되었다.

오랜 세월 내 우선순위는 치열한 경쟁 사회인 대학과 책을 통해 형성되어 있었다. 그런데 그 우선순위가 변하기 시작했다. 이제 나에게 중요한 것은 아담이었고, 그와 함께하는 시간이 특권으로 느껴졌다. 아담은 철저히 연약한 모습으로 나에게 자신을 내주었다. 목욕하고, 옷을 입고, 음식을 먹고, 걸어서 이동하는 일을 전적으로 나에게 의존했다. 어느새 나는 서서히 아담을 알아가고 있었다.

또한 나는 아담이 소통할 수 있다는 사실도 배웠다! 아담은 내가 느긋하고 부드럽게 대해주기를 원했고, 늘 그 점을 나에게 환기시켰다. 내가 건성으로 대하거나 너무 밀어붙이면 아담은 간혹 발작을 일으켜 그 사실을 알렸다. 아담은 "헨리, 천천히 좀 하세요. 속도를 늦추세요!"라는 말을 그렇게 표현한 것이다.

아닌 게 아니라 아담은 내 속도를 확실히 늦추어 놓았다. 그래서 어떤 경우에는 처음부터 다시 샤워를 시키고 옷을 입혀야 할 때도 있었다!

아담은 나에게 자신의 리듬을 따라달라고, 아담의 필요에 내 방식을 맞추어달라고 분명히 부탁했다. 어느새 나는 아담의 언어라는 새로운 언어를 깨우쳤다. 아담이 말로 반응할 수 없다는 사실이 더 이상 중요해 보이지 않았다. 우리는 함께 있었고, 아담과 나의 우정은 자라고 있었다. 나는 그의 곁에 있는 게 기뻤다.

깊은 우정이란
서로가 택함받은 존재요
하나님 보시기에
소중한 존재임을 알아보고
인정해주는 것이다.[7]

나는 마침내 아담에게 내 비밀을 털어놓았다. 내 기분, 좌절, 쉽거나 어려운 인간관계, 기도생활 등에 대해 그에게 말했다. 그러면서 점차 아주 놀라운 사실을 깨달았다. 아담은 정말 내 곁에 있어주었고 자신의 전 존재로 내 말을 들어주었다. 그와 함께 있으면 안전했다. 예상하지 못한 일이었다. 이는 표현하기 어렵지만 분명한 사실이다.

나는 때로 일이 틀어지거나, 일의 진행이 지지부진해서 불안이나 짜증이나 좌절을 느낄 때면 아담을 떠올렸다. 아담이 나에게 태풍의 눈처럼 다시 잠잠해지라고 타이르는 듯했다. 어느새 우리는 입장이 바뀌어 있었다. 아담이 내 스승이 되어 내 손을 잡고 걷고 있었다. 내 삶의 어수선한 광야를 나는 아담과 함께 통과하고 있었다.[8]

아담은 다만 살아 있었고, 그 삶으로 나에게 자신의 독특한 선물을 내주었다. 연약함으로 포장된 그 선물이 나에게 변화를 가져다주었다.

나는 내 행위와 생산성 때문에 염려하기 일쑤였지만, 아담은 '존재가 행위보다 중요하다'라고 선포해주었다. 나는 남들이 말이나 글로 나를 어떻게 평가하는지에 집착했지만, 아담은 '사람의 칭찬보다 하나님의 사랑이 더 중요하다'라고 속삭여주었다. 나는 혼자만의 성취에 연연해했지만, 아담은 '함께 일하는 것이 혼자 하는 것보다 중요하다'라고 깨우쳐주었다.

아담은 아무것도 생산해낼 수 없었고, 자랑할 만한 명예도 없었고, 내세울 만한 상이나 상패도 없었다. 하지만 그의 삶 자체야말로 인생의 진리를 가장 극명하게 증언해주었다.[9]

이 이야기는 당신이 경험한 돌봄과는 다를 것이다. 나만의 독특한 경험이기 때문이다. 어차피 타인과의 모든 만남은 제각기 독특하다. 그러나 나는 돌봄의 내적 소명에 대해 내가 말하려는 바를 아담과의 만남으로 배웠다. 그런 배움은 이후로도 내 사역의 삶에서 내내 계속되었다.

돌봄은 고난에 대한 인간의 뿌리 깊은 반응이다. 우리는 고통을 덜어주기 원하고, 어려운 사람들에게 안정과 평온을 되찾아주기 원한다.

하지만 다른 이들을 돌보려면 희생이 따른다. 돌보는 사람은 종종 큰 대가를 치른다. 우리가 베푸는 돌봄이, 사랑과 이타심의 샘물에서 나오는 게 아니라 원망과 의무감의 쓰디쓴 바닷물에서 나올 때도 있다. 나 자신의 삶 속에 고통과 문제가 아우성치고 있을 때는 남의 말을 들어주기가 어렵다.

그러나 자신의 필요와 갈망을 들어줄 줄 알면 비로소 마음에 여유가 생긴다. 그래서 내 돌봄을 받고 있는 사람들의 깊고 섬세한 내면의 아름다움에 참으로 주목할 수 있게 된다. 결국 가장 평범하고 반복적인 돌봄의 실무조차도 우리에게 성장의 발판이 된다. 돌봄을 베푸는 사람과 받는 사람이 인내의 시간을 통해 서로 존중하고 경청하고 함께해주는 진실한 관계를 가꿀 수 있다.

생판 모르는 사람과도 그런 관계를 가꿀 수 있고, 그로 인해 양쪽 다 한없이 풍요로워질 수 있다. 그런데 나와 아담의 이야기에서 보듯이, 사랑하는 친구들과 동료들의 지원이 없어서는 안 된다. 우리는 도움이 필요하다. 도움을 청하기를 두려워하거나 도움을 받는 걸 주저해서는 안 된다.

A Spirituality of
Caregiving

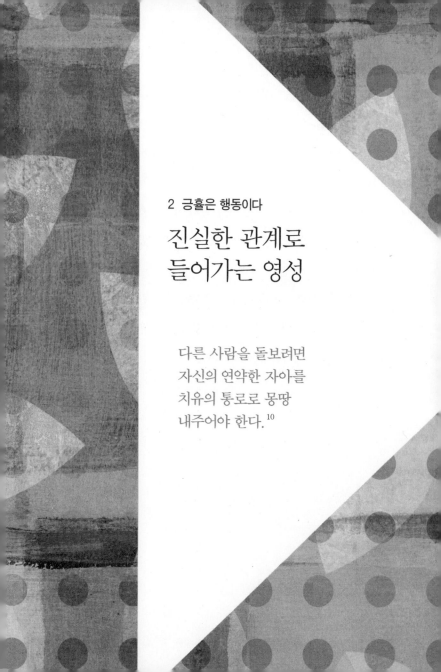

2 긍휼은 행동이다

진실한 관계로
들어가는 영성

다른 사람을 돌보려면
자신의 연약한 자아를
치유의 통로로 몽땅
내주어야 한다. [10]

내가 확신하는 것이 있다. 약하거나 죽음을 앞둔 사람들을 돌보는 일은 곧 그들의 가장 깊은 소명을 이루도록 도와주는 것이다. 그들은 이미 하나님의 사랑받는 자녀이며, 더욱 온전히 자녀다워지는 것이 그들의 소명이다.

우리는 이웃을 돌보는 사람이기 이전에 하나님의 사랑받는 자녀다. 이 정체성을 주장할수록 점점 더 깨닫는 사실이 있다. 사랑의 창조주가 인간 가족의 모든 구성원을 조건 없이 귀히 여기신다는 것이다. 그래서 내가 제시하려는 관점은 예수님의 이 말씀에 기초한 것이다. "너희 아버지가 긍휼히 여기시는 것 같이 너희도 긍휼히 여기라"(눅 6:36, NJB).

나는 긍휼을 통해 우리가 하나님의 사랑받는 자녀로서 장성한 분량에 이르도록 자란다고 굳게 믿는다. 이것은 가볍게 하는 말이 아니다. 경청, 심방, 독서, 글쓰기 등을 통해 오랜 세월 다른 사람들을 섬긴 끝에 나온 결론이다. 그동안 나는 숱한 경험에 동참해야 했고, 그중에는 고통스러운 일도 많았다.

돌보는 사역을 그만두고 더 쉬운 일을 해볼까 생각한 순간들도 있었다. 하지만 그 유혹에 부딪칠 때마다 깨달은 게 있다. 쉬운 일을 욕망할 때마다 나는 예수님을 따라 살기로 한 내 헌신의 가치를 의심하고 있었던 것이다.

긍휼의 소명은 점차 나에게 그리스도인으로 사는 삶의 핵심으로 떠올랐다. 그러자 사역을 그만두려는 생각이 신앙의 근본적인 도전에 직면하지 않겠다는 거부로 여겨졌다. 복음은 우리를 긍휼의 삶으로 부른다. 이 소명은 본성에 어긋나는 것이다. 우리의 방향을 완전히 돌려놓고, 마음과 생각의 전적인 회심을 요구한다. 과연 근본적인 소명이요 우리 삶의 뿌리까지 가닿는 소명이다.[11]

이제 이웃을 돌보는 사람으로서 긍휼의 삶의 몇 가지 요소를 살펴보자. 그래야 앞에 언급한 예수님의 말씀을 조금이나마 이해할 수 있다.

기쁨을 주고받는 훈련

고난당하는 사람에게 다가가 고통을 나누는 일은 왠지 음울해 보일 수 있다. 환자나 죽어가는 자와 연대해서 무슨 기쁨을 얻을 수 있겠는가? 하지만 아시시의 프란시스, 마하트마 간디, 테레사 수녀 같은 사람들을 보라. 그들은 고통을 통해 쾌감을 얻는 마조히스트와는 거리가 멀었고 하나같이 기쁨으로 빛났다! 이는 긍휼의 삶의 지극히 아름다운 특성 때문이다.

긍휼의 삶이란 서로 기쁨을 주고받는 삶이다. 긍휼의 삶에 참으로 들어선 사람은 누구나 "준 것 못지않게 많이 받았다"라고 고백할 것이다. 돕는 사람이 오히려 상대로부터 선물을 받고 깊은 감사를 표현할 것이다. 기쁨은 긍휼의 숨은 선물이다. [12]

네 살배기 아들과 사별하고 3년이 지나도록 깊이 애도하던 어머니가 있었다. 이 어머니의 고백에 따르면, "1년간의 끔찍한 병원생활 내내 오히려 환자인 그 아이가 놀라운 투지로 내 힘을 북돋아주었다."

슬픔의 잔과 기쁨의 잔은 분리될 수 없다.[13]

자신과 상대방을 정확히 인식하는 훈련

대부분의 돌보는 사람들이 즐거이 고백하듯이, 돌봄을 베푸는 과정에는 보람되고 놀라운 순간이 많다. 하지만 긍휼의 삶을 사는 사람들에게는 빛나는 순간뿐만 아니라 어려움을 안겨주는 상황도 자주 찾아온다.

우선 다른 이를 돌보는 우리에게도 각자의 삶이 있음을 인식하는 게 매우 중요하다. 돌보고 섬기는 그 일이 우리 삶의 전부는 아니다. 결혼 여부와 관계없이 우리도 할 일이 많다. 자녀를 기르고, 집을 관리하고, 장을 보고, 요리하고, 빨래하고, 살림하고, 우정을 가꾸고, 빚을 갚고, 연로하신 부모님이나 힘들게 사는 형제자매를 도와야 한다. 아울러 자신의 건강과 발전, 전반적인 행복까지도 책임져야 한다.

우리는 다른 이를 돌보는 직업에 종사할 수도 있고, 원하든 원치 않든 장애인이나 노인인 친척을 돌보고 있을 수도 있다. 후자의 경우라면 대개 잘 알지도 못하는 일을 몸으로 부딪치면서 배워야 한다. 돌보는 삶은 쉴 새 없이 바쁘고, 매일의 짐은 무겁기만 하다. 그러면서도 월급을 얼마 받지 못하거나 아예 무보수일 수도 있다. 아무도 내 말을 들어주지 않는 것 같다. 치료를 맡은 의료진마저 나를 소외시키는 것처럼 느껴지기도 한다.

이런 모든 요인 때문에 우리는 무시당하는 기분이 든다. 돌보는 대상이 가족인 경우에는 사랑하는 사람을 돕는 데 따르는 온갖 상반되는 감정까지 견뎌야 한다. 상대를 사랑하기에 한편으로 자진해서 돌보고 싶은 마음이 있다. 하지만 다른 한편으로는 외로움과 원망이 섞여들 수 있다. 어서 이 병간호의 짐을 벗고 싶은 바람과 원치 않는 상념 때문에 죄책감과 수치심이 들기도 한다.

끝으로, 우리가 시설에서 돌보는 경우에는 환자와 환자 가족들에게 환자를 충분히 돌봐주지 않는다는 비난을 들을 수 있다. 우리가 돌보는 환자와 그 환자를 사랑하는 사람들은 기대 수준이 높다. 그들은 우리에게 몸과 마음으로 곁에 있어주고, 환자를 늘 편안하고 청결하게 해주며, 환자의 필요나 바람을 즉각 채워주기를 요구한다!

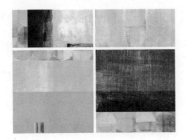

굳이 십자가를
찾아다니지 않아도 된다.
처음부터 내 것이었던
그 십자가를 지면 된다.[14]

그런가 하면 우리가 정성을 다해 돌보면서 미처 모를 수 있는 부분이 있다. 환자가 나의 돌봄을 늘 선물로 여기지는 않는다는 사실이다. 우리는 간호가 필요한 사람이 당연히 나를 신뢰할 거라고 단정하는 경향이 있다. 거기서 문제가 생겨난다. 사실은 전혀 그렇지 않을 수 있기 때문이다.

전신마비 장애가 있는 내 친구 앤이 나에게 이런 말을 했다. "성 빈센트 드 폴의 초상을 본 적이 있는데 그 밑에 이런 글귀가 인용되어 있더군요. '우리는 가난한 사람들에게 용서받을 일이 많다.' 돌봄을 베푸는 사람과 받는 사람 사이의 협상은 절묘한 거예요. 환자들이 그것을 넘치는 은혜로 감당하는 모습을 보면 나는 그저 놀라울 뿐이에요. 나는 내 연약한 모습을 그렇게 신뢰하며 내놓지 못하거든요."

진심으로 듣는 훈련

돌봄을 베푸는 사람과 받는 사람 사이에 협상이 이루어지려면 경청이 필요하다. 경청이란, 상대방의 학생이 되는 것이다. 교사는 그들이 가르치고자 하는 학습 내용을 학생들에게 제시할 때 오히려 가장 잘 배운다. 마찬가지로 고민이 있는 사람도 민감하게 들어주는 사람에게 털어놓을 때 자신의 이야기를 가장 잘 깨닫게 된다.

잠시 각자의 경험을 되돌아보자. 나의 이야기를 정말 알고 싶어서 관심을 갖고 들어주는 사람이야말로 한없이 귀한 선물이 아닌가? 돌보는 사람에게 내 이야기를 말할 기회가 있다면 그것은 복이다. 애초에 나에게도 이야기가 있음을, 우리는 경청하는 사람을 통해 깨닫기 때문이다.

서로에게 들려줄 이야기가 있는 한 우리는 희망이 있다.[15]

누군가가 "더 말해주세요. 정말 알고 싶습니다"라고 말할 때, 우리는 내 삶이 독특하며 내 이야기가 '여태 누구도 들어보지 못한' 것임을 깨닫는다. 그제야 사건과 사건의 연관성을 보게 되고, 나를 지금 이 자리까지 데려온 어떤 흐름과 틀을 알게 된다. 비로소 자신을 충분히 진지하게 대하는 것이다.

이제 우리는 자신의 이야기가 인간 실존의 모자이크에서 독특한 한 조각을 구성한다는 걸 믿으며, 자기가 기여할 부분이 있음을 깨닫는다. 결국 우리는 자신이 받은 선물을 누군가의 경청을 통해 깨닫는다. 이미 우리는 감사할 만한 선물을 받았다. 그 선물이 굴곡과 갈등으로 가득 찬 삶이라 할지라도 말이다.

그러나 경청이란 그저 동정하며 고개를 끄덕이거나 다정하게 "응, 그래"를 반복하는 게 아니다. 경청은 두 삶의 만남을 인식하는 매우 능동적인 행위다. 경청할 때 나는 그저 상대의 이야기를 듣는 것만이 아니라 내 이야기를 가지고 듣는다. 상대의 독특한 이야기를 듣는 것은 특권이다. 그 이야기의 독특성이 드러나는 이유는 바로 나 자신의 한정된 이야기에 대비되어서다.

내 이야기는 살아 있는 모자이크의 한 조각이다. 그것을 명확히 인식하고 있어야 비로소 상대의 이야기에 슬프게든 기쁘게든 놀랄 수 있고, 내 삶의 중심으로부터 반응할 수 있다.

이렇듯 경청은 매우 능동적이고 지극히 민감한 형태의 돌봄이다. 이야기를 하는 사람과 받는 사람이 누구이냐에 따라 경청에 말, 몸짓, 웃음, 미소, 눈물, 신체 접촉 따위가 곁들여질 수도 있다.

중요한 것은 두 사람의 삶이 서로 만나 치유를 이루어낸다는 사실이다. 이는 마치 하나의 베틀에 두 개의 서로 다른 인생 이야기를 걸어놓고 새로운 무늬를 짜는 것과도 같다. 돌보는 마음으로 이야기를 주고받고 나면 두 사람의 삶이 구분된다. 둘 다 자기만의 독특한 이야기에 눈뜨게 되고, 둘 다 새로운 교제에 없어서는 안 될 부분이 된다.

돌봄이란 고통을 없애는 일이 아니라 고통을 나누는 일이란 걸 우리는 경청을 통해 깨닫는다.

치유란 무엇보다
마음을 따뜻하게 비우는 일이다.
그래야 고통당하는 사람의 이야기를
진심으로 귀 기울여 들어줄 수 있다.[16]

내면의 아픔에 공감하는 훈련

몸의 고통은 사람을 허약하게 하며 삶과 마음과 생각까지 삼켜버리기 일쑤다. 환자로 지내는 건 어려운 일이다. 갑자기 신체 기능을 잃어서 타인의 사사로운 도움에 의존하는 건 더 어려운 일이다. 전에 건강하고 몸에 기력이 있을 때만 해도 오히려 지금의 환자가 그들을 돌보았을 수 있다. 그런데 이제 거꾸로 다른 이들에게 의존적인 모습을 보여야 한다는 것이 처음에는 충격이다. 이렇게 무력한 상태에서 혼란, 두려움, 분노, 슬픔, 우울 등의 여러 가지 새로운 감정이 생겨난다. 병의 진단을 둘러싼 충격, 고통, 불안은 더 말할 것도 없다.

돌보는 우리가 기억해야 할 중요한 사실이 있다. 도움이 필요해서 약한 모습을 보이는 건 누구에게나 당혹스러운 일이라는 것이다. 남의 도움 없이 거뜬히 살아오던 사람들도 병들거나 몸이 약해지면 그때부터 돌봄을 받아야 한다.

그렇게 남에게 도움을 청해야 하는 상황이 그들에게 수모로 느껴질 수 있다. 도움을 청할 상대가 이미 중요한 일들로 바쁘고 정신이 없는 경우라면 특히 더하다.

도움을 받는 사람들의 아주 현실적인 고충이 또 있다. 스스로 할 수 없는 일을 다른 이가 해줄 때까지 기다리는 게 쉽지 않다는 것이다. 때로는 통증 속에서 기다려야 한다. 무력함과 두려움만으로도 이미 힘든데 한 술 더 떠서 그 상황에서 남을 신뢰해야 한다.

의지해야 할 그 사람은 건강했던 시절에는 모르는 사이였던 생면부지의 사람일 수도 있다. 모르는 사람에게 몸의 내밀한 부분까지 구석구석 내보이기가 어찌 수치스럽지 않겠는가? 가족에게도 마찬가지일 수 있다. 다시 말해서 돌봄을 주고받는 관계에서 무력한 입장에 처하는 사람의 심정은 비참하다.

많은 눈물이 없이는
궁휼도 없다. [17]

병세가 중한 사람들은 돌봄을 받으며 오히려 크게 안도할 수 있다. 하지만 그런 경우를 제외하면 돌봄을 받는 입장에 놓인 사람들은 대부분 자신을 내어맡기기가 힘들다고 고백할 것이다. 도움의 필요성을 인정하기가 힘든 것이다. 자신이 약한 모습 그대로 사랑받는 존재임을 수용하기까지의 길은 참 멀고도 험하다.

자신이 복된 존재임을 새삼 깨우치려면 오랜 시간에 걸쳐 사랑의 돌봄을 받아야만 한다. 그래야 병중에도 선물이 기다리고 있음을 깨달을 수 있다. 그렇게 되면 그들은 심히 연약한 중에도 열매가 맺히는 것을 경험한다. 몸이 약해서 사람들의 돌봄에 더욱 의존해야 하는데도 열매를 맺는 것이다.

예컨대 그들은 우리의 돌봄을 고맙게 받아줌으로써 우리도 모르고 있던 우리의 일면을 드러내준다. 우리가 아름다움, 자상함, 사랑의 섬김 같은 선물을 내주고 있다는 사실을 말이다.

그러므로 긍휼한 마음으로 다른 이를 돌보려면 돌봄을 받는 사람들의 내면의 아픔에 늘 공감해야 하고, 그들이 독특하게 복된 존재임을 인식해야 한다.

정체성을 회복하는 훈련

모든 인간 관계는 본래 인류 전체와 개개인을 향한 하나님의 사랑을 보여주는 징표다. 부모와 자녀, 부부, 연인, 친구, 공동체의 구성원 등 모든 관계가 다 마찬가지다. 이것은 현실에서 매우 보기 드문 관점이지만 사실 예수님의 관점이다. 예수님은 이렇게 말씀하신다. "내가 너희를 사랑한 것같이 너희도 서로 사랑하라 너희가 서로 사랑하면 이로써 모든 사람이 너희가 내 제자인 줄 알리라"(요 13:34-35).

예수님은 우리를 어떻게 사랑하시는가? "아버지께서 나를 사랑하신 것같이 나도 너희를 사랑하였으니"(요 15:9). 예수님의 말씀처럼 우리는 하나님의 사랑을 보여주는 살아 있는 증인으로 부름받았다.[18]

우리 시대의 가장 비참한 단면 중 하나는, 우리가 세상의 고통과 고난을 이전 어느 때보다도 많이 알면서 거기에 점점 더 반응하지 못하고 있다는 사실이다. 지진, 테러 공격, 난민의 이주, 극심한 기아 등 인간의 무수히 많은 고난이 라디오와 텔레비전과 신문을 통해 시시각각 전해진다. 그러나 문제는 이것이다. 고도로 발달된 통신 수단들이 과연 우리를 더 큰 긍휼로 이끌어 주는가?[19]

그럴 가망성은 매우 희박해 보인다. 비극들이 너무 먼 곳에서 일어나서 대개 우리에게 잘 와 닿지 않기 때문이다. 우리는 고통당하는 그들을 한 사람도 만나본 적이 없다. 그들과 우리는 아무런 관계가 없다. 하지만 우리의 돌봄을 받는 사람과는 서로 함께 있기 때문에, 마음의 심연에 가닿는 관계가 가능하다. 이 관계를 통해 양쪽 모두가 더욱 온전히 자기다워질 수 있다.

    언뜻 보기에는 힘 있는 사람과 무력한 사람의 관계처럼 보이지만 사실은 그렇게 간단하지 않다. 오히려 그 관계는 복잡한 편이고, 종종 부담이 크며, 때로 고통이 따른다. 그러나 그 관계를 통해, 돌보는 우리의 자아인식이 깊어질 수 있다.

우리 인간은 우리 자신도 다 이해할 수 없을 만큼
큰 사랑과, 말로 다 표현할 수 없이 깊은 진리와,
주체할 수 없을 만큼 풍부한 아름다움으로
공명(共鳴)하는 존재다. [20]

우리는 다른 이를 돕고 싶은 열망을 실현하되 힘을 사용하는 방식에서 성장할 수 있다. 돌봄을 주고받는 지극히 인간적인 교류 속에서 우리는 '하나님의 사랑받는 자녀'라는 자신의 정체성을 더욱 온전히 붙들 수 있다. 인간적인 강점과 약점을 모두 지닌 채로 말이다. 돌봄을 베푸는 사람과 받는 사람의 관계야말로 쌍방의 치유라는 완전히 새로운 영역으로 들어가는 관문이다.

하지만 명심해야 할 것이 또 있다. 물론 우리는 사람들이 자신의 연약한 모습을 받아들이도록 곁에서 최대한 도와줄 수 있다. 그렇지만 억지로 그렇게 만들 수는 없다. 그렇게 만든다면 당연히 일이 쉬워지겠지만 말이다. 마찬가지로 돌봄을 받는 사람들도 돌보는 우리에게 억지로 우리가 힘을 사용하는 방식을 성찰하게 만들 수 없다. 그렇게 만든다면 그들의 삶이 한결 쉬워지겠지만 말이다.

그럼에도 불구하고 돌봄을 주고받는 관계를 통해 양쪽 모두가 좋은 쪽으로 변화될 소지는 얼마든지 있다. 그러려면 돌봄에 대한 중압감과 저항감을 최대한 줄이고, 연약한 사람들과의 교제 속에 함께 있는 것에 더 초점을 맞추어야 한다.

앞서 말한 앤도 처음에 전신마비가 일어났을 때, 그 사실에 눈뜬 순간이 있었다고 한다. "초기에 재활병원에 있던 때가 기억나요. 그 전까지는 병원에 입원해본 적이 없었는데, 그곳에서 내가 장애와 고난이라는 거대한 다른 세상의 일원이 되어가고 있음을 서서히 자각했어요. 그 세상 사람들은 병원에 있을 수도 있고 다른 곳에 있을 수도 있어요. 병원이 왠지 감옥과 비슷하다는 생각이 들더군요. 그러면서 나도 이제 세상의 감옥에 있는 모든 사람과 한 가족이 되었음을 깨달았습니다."

A Spirituality of
Caregiving

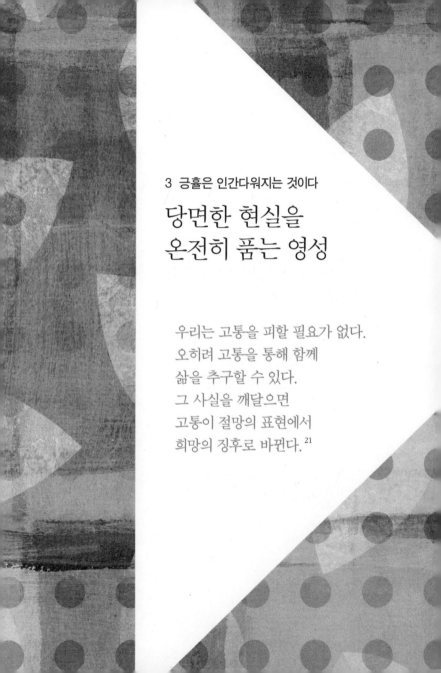

3 긍휼은 인간다워지는 것이다

당면한 현실을
온전히 품는 영성

우리는 고통을 피할 필요가 없다.
오히려 고통을 통해 함께
삶을 추구할 수 있다.
그 사실을 깨달으면
고통이 절망의 표현에서
희망의 징후로 바뀐다.[21]

돌봄과 치료는 전혀 다른 개념이다. 질병이나 장애가 있는 사람들이 우리에게 이 둘의 차이를 가르쳐줄 때가 많다. 그럼에도 이 진리는 결코 자명하지 않으며, 현대 사회에는 당연히 잘 받아들여지지 않는다. 우리 문화가 돌봄보다 치료에 더 집착하기 때문이다.

특히 우리 문화에서 전문인이 된다는 건 곧 기술을 터득한다는 뜻이다. 고장 난 것을 고치고, 파손된 것을 복구하고, 분리된 것을 접합하고, 병든 것을 치료하기만 하면 된다.

들것에 실려 병원에 들어온 환자가 제 발로 걸어나가면 의사는 훌륭한 치료자로 간주된다. 상담을 한 후에 내담자의 마음이 차분해지면 상담자는 유능한 사람이 된다. 사회사업가의 개입으로 공동체의 삶에 변화가 나타나면 그것이 곧 실력으로 통한다. 목회자도 프로그램의 성공에 따라 평가될 수 있다.

돌보는 일을 전문으로 하는 사람들에 대해 우리는 무의식중에 그런 인식을 품고 있다. 우리 자신이 돌보는 직업을 가지고 있든 그렇지 않든 마찬가지다. 그 결과 우리는 자신의 정체성을 존재보다 행위와 더 연결시킨다.

자신의 정체성이 존재보다 행위에서 비롯된다면, 이는 세상이 내놓는 여러 '좋고 나쁨'을 기준으로 나 자신을 규정한다는 의미다. 지적, 정서적인 면에서는 물론이고 때로는 영적인 면에서도 그렇다. 우리는 성공해서 칭찬받고 많은 친구의 관심을 얻으면, 즐겁고 자신감이 생기고 편안해진다. 반면 퇴보해서 비난받고 사람들의 관심이 사라지면, 슬프고 자기회의에 빠지고 외로워진다. 일이 계획대로 잘 풀리면 희색이 만면했다가 그렇지 않으면 얼굴이 침울해진다.

언젠가 내가 수많은 청중을 대상으로 강연했던 일이 지금도 기억에 선하다. 모두 강의를 좋아했는데, 딱 한 사람만 예외였다. 그는 내 강연에 허튼소리가 많았다고 나에게 말했다. 그 말을 듣고 집에 돌아온 나는 우울해졌다! 한 번의 퇴보가 백 번의 성공을 무효로 돌린다. 한 마디 비난의 말이 백 마디 칭찬의 말을 삼켜버린다.

돌보는 우리의 일차적 관심이 치료에 있으면, 만성 질환에 걸렸거나 죽어가는 사람들을 돌볼 때는 별로 보람을 느낄 수 없다. 그렇게 느끼는 가장 큰 이유는 그들이 우리에게 늘 두 가지 사실을 들이대기 때문이다. 하나는 우리의 힘이 모자라서 병을 치유하지 못한다는 사실이고, 또 하나는 죽음이라는 현실을 피할 수 없다는 것이다. 하지만 바로 그것을 직시할 때 우리는 자신이 하는 일의 더 깊은 의미에 새삼 눈뜰 수 있다.

　　우리는 지금 영적인 보물을 주고 있는 것이다. 불가피한 결과는 우리의 소관 밖이며, 우리 자신도 언젠가는 죽을 것이다. 그 사실을 기꺼이 받아들일 때 비로소 해방이 있다. 그제야 우리는 참으로 돌보는 사람이 될 수 있다. 무조건 치료에만 매달리는 게 아니라 돌본다는 단어의 가장 깊은 의미에서 돌보는 사람이 되는 것이다.

돌봄은 없고 치료만 있으면

신속한 변화에 집착하게 된다.

그러면 조급해서 서로의 짐을 나눌 수 없고

그럴 마음도 없어진다.[22]

고통당하는 사람과 함께하는 훈련

'돌본다'(care)는 말은 이상한 단어다. 이 말은 여러 의미로 쓰이고 있으며, 내가 말하려는 돌봄의 본질과 거리가 멀 때도 있다. 예를 들어 "저 사람을 손보아(care)주겠다!"라고 말하면 공격을 가하겠다는 뜻일 수 있다. 또 "커피와 차 중에 무엇을 드릴까요?"라는 물음에 "상관(care) 없습니다"라고 답한다면 어느 쪽을 택하든 전혀 중요하지 않다는 뜻이다.

하지만 진정한 돌봄은 뜻이 모호하지 않다. 진정한 돌봄은 무관심을 배제하며 냉담함과 정반대다.[23] 돌봄의 핵심 의미는 '애통하다, 함께 부르짖다'인데, 이는 무엇보다도 고난당하는 사람과 '함께하는' 것이다. 그러므로 돌본다는 것은 상대의 부르짖음을 듣고 그 고통, 혼란, 외로움, 고립, 잊힌 존재가 된 심정에 공감하는 일이다. 뭔가 '행동'을 취하는 것은 그 다음 문제다.

또한 돌본다는 것은 동일한 애통이 내 마음속에도 존재함을 인식하는 일이다. 돌봄에는 연약하고 힘없는 사람들을 이해하고, 그들의 입장에서 생각하고, 함께 슬퍼하고 애통하는 일이 포함된다.

내 친구 앤이 나에게 이런 이야기를 한 적이 있다. "재활병원에 다시 가야 해서, 친구 하나가 도와주러 같이 갔지요. 간호사가 수속해주길 기다리는 동안 눈물이 나더군요. 다시 입원해야 한다는 사실에 잔뜩 낙심이 되었던 거예요! 그런데 눈을 들어보니 친구와 간호사도 눈물을 흘리고 있더군요. 그 순간을 영원히 잊지 못할 겁니다. 온전히 이해와 돌봄을 받고 있음을 가슴 깊이 느꼈으니까요. 그래서 결국에는 셋 다 한바탕 웃고 말았답니다!"

앞에서 나는 돌봄과 치료가 다르다고 말했는데, 그렇다고 해서 치료가 하찮은 목표라는 뜻은 아니다. 하지만 치료가 아무리 바람직하다 해도, 돌봄에서 비롯되지 않은 치료는 과격해지고 사람을 조종하며 심지어 파괴적인 게 될 수도 있다.

돌봄은 곧 긍휼이다. 돌봄은 상대가 내 형제자매라는 진리, 나처럼 죽을 수밖에 없는 연약한 인간이라는 진리를 붙드는 일이다. 치료는 불가능할 때가 많지만 돌봄은 언제나 가능하다. 우리의 일차적 관심이 돌봄에 있으면, 그제야 치료도 선물로 베풀고 받을 수 있다.

우리가 가장 인간다워질 때

하나님의 임재가 더욱 충만해진다.[24]

죽음에 대한 저항을 돌파하는 훈련

환자나 부상당한 사람이나 노인을 돌보는 과정에서 우리는 지혜를 얻을 수 있다. 모든 인간은 죽음을 피할 수 없으며, 치유자도 예외는 아니다. 죽음은 모든 치료를 보란 듯이 비웃는다. 하지만 우리는 친구의 돌봄과 사랑을 통해 삶의 가장 깊은 갈망에 가닿을 수 있다. 이런 지혜를 통해 우리는 죽음을 부정하는 환상에서 깨어난다. 또한 누가 언어나 몸짓으로 이렇게 말해줄 때마다 그 지혜 덕분에 새로운 삶을 본다.

"당신의 고통이 보입니다. 내가 그 고통을 없애줄 수는 없지만 당신을 혼자 두지 않겠습니다."

우리 마음 깊은 곳에는 남을 돌보기를 꺼리는 마음이 있다. 물론 이것은 상대를 치료해야 한다는 부담감 때문일 수도 있지만, 더 큰 이유가 있을 수도 있다. 즉 상대의 고난과 고통과 불안을 공감하고 긍휼의 마음으로 함께 부르짖으려면, 나 자신의 고난과 고통과 불안을 대면해야 하기 때문이다.

"자신을 더 깊이 이해하고자 한걸음씩 나아갈 때마다 우리는 더불어 사는 사람들과 더욱 가까워진다."[25]

다른 이를 돌보노라면, 여태까지 답이 없었고 앞으로도 답이 없을 많은 의문에 직면할 수밖에 없다. 그래서 종종 우리 안에 깊은 불안이 싹튼다. 우리까지 동일한 의문을 품게 되기 때문이다. "계속 살아 있을 가치가 있는지 모르겠다"라고 말하는 사람은 아직 우리가 해결하지 못한 의문을 우리 앞에 들이대는 것이다. 또한 죽음에 대한 두려움을 내보이는 사람은 은근히 죽음을 부정하는 우리 자신의 성향을 보게 해준다.

그러나 내게도 동일한 문제와 고통이 있다는 고백만으로 남을 도울 수 있는 건 아니다. 그것은 돌봄이 아니라 동정일 뿐이다. 하지만 내가 분명히 믿는 게 있다. 우리는 자신의 회의와 두려움을 인식하고 있는 정도만큼만 다른 이를 돌볼 수 있다. 머리와 가슴에 자신의 이야기가 있어야만 비로소 이웃의 이야기를 들을 수 있는 것과 마찬가지다.

돌봄을 청하는 사람을 통해 우리는 우리 내면의 고통을 듣고, 자기의 상처를 알고, 자신의 깨어진 모습을 대면하게 된다. 돌봄을 요청하는 사람이 노인인 경우에는, 모든 고통이란 불가피한 죽음의 그림자일 뿐이라는 사실도 깨닫게 된다.

　하나님의 사랑받는 자녀인 우리도 제각기 인간의 깊은 슬픔을 경험한다. 이 슬픔은 자신이 죽을 수밖에 없는 존재임을 자꾸 억압하는 데서 비롯된다. 그런데 노인이나 불치병 환자와 함께 있으면 죽음이라는 기정사실을 정면으로 마주하게 된다.

자신의 죽음을 대면한다는 말이 약간 섬뜩하게 들릴 수도 있다. 이 세상이 고통과 죽음을 외면하는 곳이다 보니 그렇다. 이처럼 우리 안에는 자신의 죽음을 인정하지 않으려는 뿌리 깊은 저항이 있다. 우리가 돌보는 상대에게서도 그런 저항을 볼 수 있다. 결국 우리는 죽음에 대한 두려움이 비단 상대나 나만의 문제가 아니라 창세 이래로 온 인류의 문제라는 걸 받아들여야 한다.

2천 년 전에 히브리서 저자는 예수님이 "죽기를 무서워하므로 한평생 매여 종노릇하는 모든 자들을 놓아 주려"(히 2:15)고 죽음을 맞이하셨다고 기록했다. 죽음을 두려워하며 살아가는 삶은 일종의 노예생활이라는 뜻이다. 자유가 없으니 삶에 진전도 있을 수 없다.

우리 안에

죽음의 씨앗이

활동하고 있지만

사랑은

죽음보다 강하다.[26]

죽음에 대한 저항을 돌파하면 참된 해방을 얻어, 비로소 돌봄을 베풀거나 받는 자리에 설 수 있다. 돌보는 우리는 자신의 상처, 치유의 필요성, 필연적 죽음을 더욱 온전히 깨닫고 인정하게 된다. 동시에 우리는 돌봄을 받는 사람이 은혜와 평안으로 죽음을 대면하도록 더 잘 도와줄 수 있다.

돌봄이란 참 신비로운 것이다. 돌봄을 베푸는 사람과 받는 사람이 함께 연약한 모습으로 만나면, 양쪽 모두 새로운 공동체를 경험한다. 둘 다 회심에 마음이 열려서 새로운 삶을 은혜로 맛본다.

하나님의 사랑받는 자녀인 당신과 내가 어떻게 하면 깨어지고 무력한 사람들에게 더 마음을 열 수 있을까? 돌봄의 모든 행위 속에서 어떻게 하면 그들과 함께 더욱 인간다운 관계 속에 들어갈 수 있을까? 어떻게 하면 진정한 쌍방적 관계에서 그들을 마음으로 대할 수 있을까?

하나님의 사랑받는 자녀를 돌보는 일은, 연약한 형제자매와 함께하면서 말을 들어주고 사랑으로 품으려는 노력이다. 그동안 상대는 가혹한 말에 무서웠을 수도 있고, 적대적인 손으로 수색을 당했을 수도 있고, 꽉 막힌 귀에 무시당했을 수도 있다. 우리는 상황이 호전될 가능성이 없을 때조차도 상대를 돌본다. 이것이 우리 앞에 놓인 도전의 핵심이다.

돌보는 일을 직업으로 택했든 그렇지 않든 우리가 고백하는 게 있다. 무엇보다 돌봄이란, 지금 이 순간 무력감을 느끼고 있는 (그럼에도 불구하고 여전히 하나님의 사랑받고 있는) 형제자매와 함께 있어주는 일이다. 우리는 일차적으로 고통을 없애주는 사람이 아니라 기꺼이 고통을 함께 나누는 사람이다. 그 사실을 우리는 마음 깊이 받아들인다.

영원한 삶을 준비하는 훈련

돌본다는 것은 곧 인간다워지는 것이다. 돌보는 사람이 된다는 건 곧 상대를 통해 나 자신의 죽음을 부정하는 환상을 벗어버리고, 삶을 훨씬 넓고 풍부하게 이해한다는 뜻이다. 건강의 개념을 강한 심장, 튼튼한 허파, 힘센 근육, 생생한 기억력, 예리한 통찰력, 기민한 이해력을 갖춘 상태로 제한하는 한 우리의 인생관은 지극히 편협할 수밖에 없다.

하나님이 우리에게 알려주시려는 삶은 그게 아니다. 사도신경으로 신앙을 고백할 때마다 우리는 영생(eternal life)을 믿는다고 고백한다. 영원한 생명을 믿기에, 돌봄을 보는 우리의 관점도 근본적으로 달라질 수 있다.

예수님은 영생을 자주 말씀하신다. 니고데모에게 예수님은 "하나님이 세상을 이처럼 사랑하사 독생자를 주셨으니 이는 그를 믿는 자마다 멸망하지 않고 영생을 얻게 하려 하심이라"(요 3:16)라고 말씀하셨다.

예수님은 생을 마감하실 때도 아버지께 이렇게 기도하신다. "아버지여 때가 이르렀사오니 아들을 영화롭게 하사 아들로 아버지를 영화롭게 하게 하옵소서 아버지께서 아들에게 주신 모든 사람에게 영생을 주게 하시려고 만민을 다스리는 권세를 아들에게 주셨음이로소이다 영생은 곧 유일하신 참 하나님과 그가 보내신 자 예수 그리스도를 아는 것이니이다"(요 17:1-3).

우리는 영원한 삶으로 부름받았다. 장기적으로 볼 때, 돌봄이 참으로 활력을 줄 수 있으려면, 돌봄을 영생의 관점에서 바라보고 경험해야 한다. 돌봄은 상대를 가장 소중한 자아에 눈뜨게 해준다. 그런데 그 자아는 하나님의 무한한 사랑과 돌봄을 받고 있으며, 본래 죽음의 세력을 벗어나 영원히 살도록 지어졌다. 이런 의미에서 돌봄은 영원한 삶을 준비하는 과정이다.

내 목표가 분명히 영생이라면 그 삶은 지금 나 있는 곳에서 얻을 수 있는 것이라야 한다. 영생이란 하나님 안에서 그분과 함께하는 삶인데 그분은 지금 나 있는 곳에 계시기 때문이다.[27]

A Spirituality of
Caregiving

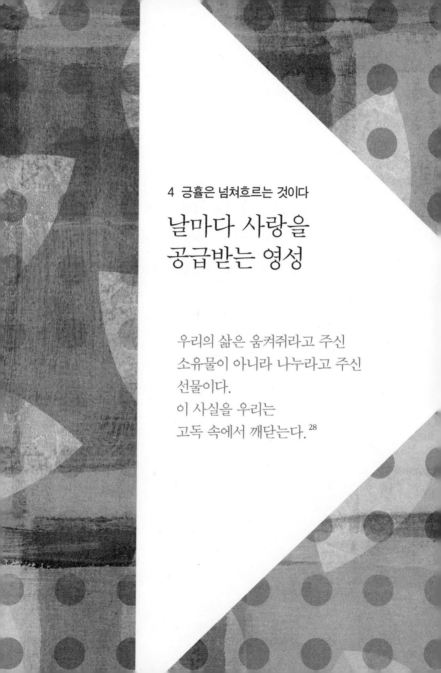

4 긍휼은 넘쳐흐르는 것이다

날마다 사랑을
공급받는 영성

우리의 삶은 움켜쥐라고 주신
소유물이 아니라 나누라고 주신
선물이다.
이 사실을 우리는
고독 속에서 깨닫는다.[28]

하나님의 돌봄을 받는 훈련

우리 삶 속에서 일하시는 하나님을 알아보려면 고독과 침묵이 필요하다. 하나님은 소리를 지르거나 악을 쓰거나 억지로 떠밀지 않으신다. 하나님은 오직 사랑이시며, 하나님의 영은 사랑의 영이시다. 그 영이 우리와 관계를 맺기 원하시며, 우리 마음의 가장 깊은 갈망이 이루어질 수 있는 곳으로 우리를 인도하기 원하신다.[29]

성령은 침묵 속에서 우리에게 말씀하시며, "두려워하지 말라"(요 6:20)라는 예수님의 말씀을 되풀이하신다. 내가 믿기로 예수님의 이 말씀은 이런 뜻이다.

"두려워하지 말고 너의 통제 욕구를 내려놓으라. 그러면 네 마음의 깊은 갈망을 내가 이루어주겠다. 두려워하지 말고 네가 사랑받는 존재라는 진리 안에서 잠시 쉬라. 내가 너와 함께 있다. 너의 이름이 내 손바닥에 새겨져 있다. 내가 영원한 사랑으로 너를 사랑한다. 너는 내 것이고 내게 속한 자다."

몇 년 전에 나는 테레사 수녀를 만날 기회가 있었다. 당시 많은 문제로 고민하던 나는 그 기회를 살려 테레사 수녀의 조언을 듣기로 했다.

나는 자리에 앉자마자 내 모든 문제와 고민을 설명하기 시작했다. 한없이 복잡한 문제임을 납득시키려 했다. 10분 동안 장황하게 늘어놓은 뒤 마침내 내가 입을 다물자 테레사 수녀는 조용히 나를 쳐다보며 말했다.

"글쎄요. 하루 한 시간씩 주님을 사모하며 보내고, 잘못인 줄 아는 일을 일절 하지 않는다면…… 아무 문제가 없을 것입니다."[30]

당신이나 나나 할 일은 많은데 시간은 부족하다. 그러나 집 안에 '신성한 공간'을 만들어 아침마다 10분씩 우리를 사랑하시는 그분과 함께 보내며 하루의 삶을 사랑의 손에 올려드리면, 하루를 살아가는 방식이 달라질 것이다.

또한 밤마다 10분씩 다시 그 구별된 신성한 공간에서 하루의 만남들을 돌아보며 감사드리고 용서를 구하고 밤을 그분의 사랑의 손에 올려드리면, 우리의 수면이 달라질 것이다. 이렇게 우리의 참 정체성의 근원이신 사랑의 주님과 날마다 교제를 나누면 우리 삶에 평안과 기쁨이 찾아온다.

오 주님,

주님이 저에게 바라시는 것은

단순한 "예",

단순한 순종의 행위입니다.

제가 순종하면

주님이 저를 위해 정하신 일들이

제 삶 속에

열매로 맺힐 것입니다. [31]

공동체의 돌봄을 받는 훈련

돌보는 사람들은 너무 혼자이고 지쳐 있을 때가 많다. 남을 돌보는 책임이 그만큼 막중하고 스트레스가 크기 때문이다. 우리는 도움이 필요하다! 물론 도움을 청할 만한 시간과 여력이 없을 때도 많다. 그래도 가능한 한 노력해야 한다. 다른 사람들의 지원을 받아야 피로와 그로 인한 탈진을 면할 수 있다.[32]

가족들과 주변 사람들은 충분히 우리를 돌볼 역량이 있다! 하지만 우리가 겸손히 털어놓고 도움을 청하고 받아야 그들이 자신의 역량을 깨달을 수 있다. 주변에 지원할 수 있는 사람들을 두면 관계망이 생겨서 우리 자신은 물론 우리가 돌보는 사람에게도 유익하다. 그러면 우리의 돌봄이 양육의 공동체를 낳을 뿐 아니라 양육의 공동체에서 나오게 된다!

환자들이 점차 돌봄을 은혜롭게 받아들이듯이, 우리도 소수의 사람들에게 내 돌봄의 실상을 알릴 수 있어야 한다. 이것은 유익한 모험이다. 혹사당하는 기분, 내심 상대가 어서 낫거나 죽기를 바라는 마음으로 인한 수치심, 주변의 높은 기대 수준에 대한 부담, 전문 의료진에게 무시당하는 기분, 끝없이 피로에 시달리는 고충 따위를 털어놓으라.

쉽거나 간단한 일은 아니지만 그래도 우리는 솔직해져야 한다. 나 자신의 좌절감, 무력감, 불안감을 털어놓을 만한 진정한 친구가 한두 명은 꼭 있어야 한다. 다른 사람들이 내 의문을 자상하게 들어주고, 존중하고, 솔직한 반응을 보이고, 응원하고, 도전해줄 때 우리는 다음의 사실을 떠올리게 된다. 내가 모든 해답을 알아야 하거나 구세주가 되어야 하는 건 아니라는 사실을 말이다.

내가 도움을 받으려는 순간에 다른 연약한 이들이 여전히 영적, 정서적, 신체적 부축이 절실하게 필요하다고 해서 죄책감을 느낄 것은 없다. 돌보는 사람도 도움을 받아야 장기적으로 더 지혜를 얻고 균형을 이룰 수 있다.

끝으로, 돌보는 우리는 가능한 한 돌봄의 삶 이외의 관계도 가꾸어야 한다. 믿을 만한 지원자들의 도움으로 우리는 새 힘을 얻을 수 있다. 예컨대 친구와 함께 점심을 먹고, 혼자서나 둘이서 숲이나 눈길을 말없이 걷고, 가족과 함께 영화나 게임을 즐기고, 시간을 내서 베스트셀러 소설이나 좋아하는 시집에 푹 빠질 수 있다. 예술을 통해서도 우리의 영혼이 돌봄을 받을 수 있다.

진정한 친구는 마음 깊은 곳에서 편지를 주고받는다.

그 깊은 내면에서 그들은 하나님의 사랑을 안다.

그곳에서 영은 영에게 말하고 마음은 마음에게 말한다.[33]

A Spirituality of
Caregiving

돌봄을 주고받을 때
그곳에 천국이 임한다

하나님은 복을 선택하라고
말씀하신다!³⁴

돌봄이 필요한 사람은 하나님의 사랑받는 자녀다. 사람이 허약해지거나 병들거나 죽는다고 해도 그 정체성은 변하지 않는다. 예수님은 "너희 가난한 자는 복이 있나니"(눅 6:20)라고 말씀하셨는데, 이는 경제적으로 가난한 사람들만 두고 하신 말씀이 아니라 그분의 사랑받는 형제자매인 우리 각자를 두고 하신 말씀이다.

우리도 인간의 연약함을 경험한다. 인간의 이런 원초적 연약함이 가장 극명하게 드러날 때는 우리가 병들거나 죽음을 맞이할 때다. 그런데 자신이 연약해질 때 그것을 '복'으로 여기는 사람은 별로 없다. 어쩌면 그것은 이상한 일이 아닐 것이다.

우리는 다른 사람을 돕기를 원한다. 어려운 사람에게 뭔가 해주고 싶어 한다. 슬픈 사람을 위로해주고 싶고, 아파하는 사람의 고통을 덜어주고 싶다. 이런 갈망은 잘못된 게 아니다. 오히려 고결하고 은혜에 찬 갈망이다.

하지만 내가 섬기려는 대상에게서 오히려 나에게로 하나님의 복이 온다. 그 사실을 깨닫지 못하는 한 우리의 도움은 단기간으로 그칠 것이며, 결국 탈진에 빠질 수 있다.

여기 그리스도인의 삶의 신비가 있다.

새 생명과 새 정체성은

우리의 힘으로 성취하는 것이 아니라

겸손히 받는 것이다.[35]

호전되지 않는 환자를 계속 간호하는 일이 어떻게 가능할까? 죽어가는 사람을 어떻게 계속 위로할 수 있을까? 우리마저 그 죽음 앞에서 더욱 비통해질 뿐인데 말이다. 답은 그들 모두가 축복을 품고 있다는 데 있다. 돕는 우리가 그 복을 받아야 한다.

결국 돌봄이란 돌보는 사람이 상대로부터 하나님의 복을 받는 것이다. 그렇다면 그 복은 무엇인가? 조금이나마 하나님의 얼굴을 보는 것이다. 천국이란 결국 하나님을 보는 것이다! 우리는 예수님의 얼굴에서 하나님을 볼 수 있고, 우리의 돌봄을 필요로 하는 모든 사람에게서 예수님의 얼굴을 볼 수 있다.

우리는 복이 절실히 필요한 존재다.[36]

우리의 돌봄을 받아야 하는 사람들이 우리에게 복을 주려고 기다린다.

주라 그리하면 너희에게 줄 것이니

곧 후히 되어 누르고 흔들어 넘치도록 하여

너희에게 안겨 주리라(눅 6:38).

주

1. Henri J. M. Nouwen, *Behold the Beauty of the Lord*(1987), 59. 「주님의 아름다우심을 우러러」(분도출판사 역간).

2. Henri J. M. Nouwen, *Walk With Jesus*(1990), 29. 「예수님과 함께 걷는 삶」(IVP 역간).

3. Henri J. M. Nouwen, *The Way of the Heart: Desert Spirituality and Contemporary Ministry*(Harper Collins, 1981), 24-25. 「마음의 길」(분도출판사 역간).

4. 같은 책, 26.

5. Henri J. M. Nouwen, *Here and Now: Living in the Spirit*(The Crossroad Publishing Company, 1994), 105. 「여기 지금 우리와 함께하시는 하나님」(은성출판사 역간).

6. Henri J. M. Nouwen, *Adam: God's Beloved*(Orbis Books, 1997), 42. 「아담: 하나님이 사랑하시는 자」(IVP 역간).

7. Henri J. M. Nouwen, *Life of the Beloved*(1992), 54. 「이는 내 사랑하는 자요」(IVP 역간).

8. Henri J. M. Nouwen, *Adam: God's Beloved*(Orbis Books, 1997), 43-48쪽을 약간 다듬었다. 「아담: 하나님이 사랑하시는 자」(IVP 역간).

9. Henri J. M. Nouwen, *Adam: God's Beloved*(Orbis Books, 1997), 55-56. 「아담: 하나님이 사랑하시는 자」(IVP 역간).

10. Henri J. M. Nouwen, *Aging*(1974), 97. 「노인의 영광은 백발」(한국기독교연구소 역간).

11. Henri J. M. Nouwen, Donald P. McNeill, Douglas A. Morrison, *Compassion: A Reflection on the Christian Life*(Doubleday, 1982), 7-8쪽을 다듬은 것이다. 「긍휼」(IVP 역간).

12. Henri J. M. Nouwen, *Here and Now*, 102-103, 107. 「여기 지금 우리와 함께하시는 하나님」(은성출판사 역간).

13. Henri J. M. Nouwen, *Can You Drink the Cup?*(1996), 54. 「이 잔을 들겠느냐」(바오로딸 역간).

14. Henri J. M. Nouwen, *Compassion*(1982), 73. 「긍휼」(IVP 역간).

15. Henri J. M. Nouwen, *The Living Reminder*(1977), 66. 「예수님을 생각나게 하는 사람」(두란노 역간).

16. Henri J. M. Nouwen, *Reaching Out*(1975), 67. 「영적 발돋움」(두란노 역간).

17. Henri J. M. Nouwen, *The Return of the Prodigal Son*(1992), 120. 「탕자의 귀향-집으로 돌아가는 가까운 길」(포이에마 역간).

18. Henri J. M. Nouwen, *Here and Now*, 127. 「여기 지금 우리와 함께하시는 하나님」(은성출판사 역간).

19. Henri J. M. Nouwen, *Compassion*, 50쪽을 다듬은 것이다. 「긍휼」(IVP 역간).

20. Henri J. M. Nouwen, *Clowning in Rome*(1979), 99. 「로마의 어릿광대」(가톨릭대학교출판부 역간).

21. Henri J. M. Nouwen, *The Wounded Healer*(1972), 93. 「상처 입은 치유자」(두란노 역간).

22. Henri J. M. Nouwen, *Out of Solitude*(1974), 36. 「고독의 영성」(아침 역간).

23. 같은 책, 33.

24. Henri J. M. Nouwen, *Bread for the Journey*(1997), 10월 2일. 「영혼의 양식」(두란노 역간).

25. Henri J. M. Nouwen, *Our Greatest Gift*(1994), 51. 「죽음, 가장 큰 선물」(홍성사 역간).

26. Henri J. M. Nouwen, *Finding My Way Home*(2001), 156-57. 「영성에의 길」(IVP 역간).

27. Henri J. M. Nouwen, *Here and Now*(1994), 69. 「여기 지금 우리와 함께하시는 하나님」(은성출판사 역간).

28. Henri J. M. Nouwen, *Out of Solitude*(1974), 22. 「고독의 영성」(아침 역간).

29. Henri J. M. Nouwen, *Here and Now*, 52. 「여기 지금 우리와 함께하시는 하나님」(은성출판사 역간).

30. 같은 책, 88.

31. Henri J. M. Nouwen, *Heart Speaks to Heart*(1989), 24. 「마음에서 마음으로」(가톨릭출판사 역간).

32. 다음 책에서 영감을 얻었다. Michelle O'Rourke, *Befriending Death: Henri Nouwen and a Spirituality of Dying*(Orbis Books, 2009), 121.

33. Henri J. M. Nouwen, *The Inner Voice of Love*(1996), 80. 「마음에서 들려오는 사랑의 소리」(바오로딸 역간).

34. Henri J. M. Nouwen, *Bread for the Journey*(1997), 9월 8일. 「영혼의 양식」(두란노 역간).

35. Henri J. M. Nouwen, *Compassion*(1982), 20-21. 「긍휼」(IVP 역간).

36. Henri J. M. Nouwen, *Here and Now*, 82-83. 「여기 지금 우리와 함께하시는 하나님」(은성출판사 역간).

지은이_ 헨리 나우웬 Henri J. M. Nouwen, 1932-1996

헨리 나우웬은 1932년 네덜란드 네이께르끄에서 태어났으며, 1957년에 예수회 사제로 서품을 받았다. 심리학을 공부한 그는 인간의 고난을 더 깊이 이해하고 싶어 1964년에 미국으로 건너가 메닝거클리닉에서 종교학과 정신의학을 통합하는 공부를 했다. 30대에 노트르담대학교 심리학부에서 객원교수를 시작했고, 신학을 공부한 후에는 예일대학교 신학부에서 학생들을 가르쳤다.

존경받는 교수이자 학자로서의 이런 헨리 나우웬의 삶의 행보는 1981년을 기점으로 큰 변화를 맞이하게 된다. 그 무렵 그는 '하나님 사랑'에 빚진 자로서 거룩한 부담감을 품고 페루의 빈민가로 떠나 한동안 그곳 민중들과 함께 지냈다. 이후 다시 대학 강단으로 돌아와 3년간 하버드대학교 신학부에서 강의를 맡았으나 그는 더 이상 이 같은 삶에서 영혼의 안식을 찾지 못했다. 1986년, 마침내 그는 새로운 부르심에 순종하기로 결정한다. 그리고 1996년 9월에 심장마비로 소천하기까지 10년 동안 캐나다의 발달장애인 공동체인 라르쉬 데이브레이크(L'Arche Daybreak)에 살면서 '예수 그리스도를 따르는 삶'을 몸소 보여주었다.

『삶의 영성』, 『두려움에서 사랑으로』, 『영적 발돋움』, 『영성 수업』, 『상처 입은 치유자』, 『예수님을 생각나게 하는 사람』, 『춤추시는 하나님』, 『영혼의 양식』, 『예수님의 이름으로』(이상 두란노) 등 영적 삶에 관한 헨리 나우웬의 40여 권의 명저는 22개 이상의 언어로 번역되어 활발히 전 세계 독자들을 찾아가고 있다. 그는 외로움과 불안, 상처 등 마음의 감옥에 갇혀 있는 현대인들을 말씀으로 위로하고, '내적 자유'의 길을 제시했다. 책 속에 자기 마음속 고뇌와 성찰을 활짝 열어 보인 그는 '상처 입은 치유자'로서 큰 공감을 불러일으켰다. 또한 깊은 말씀 묵상과 기도 생활에서 나온 압축된 문장들은 수많은 이들을 깊은 영성의 세계로 초대했다.

헨리 나우웬은 세계 곳곳에 다니며 사역과 돌봄, 긍휼, 평화, 고난, 고독, 공동체, 죽음 등의 주제로 강연도 했다. 그는 예수 그리스도, 그 복음의 깊이를 전달하고자 늘 새로운 이미지를 모색했으며, 그의 영적 비전은 다양한 옷을 입고, 월스트리트의 금융가, 정치가, 전문직 종사자, 페루의 농부, 교사, 종교 지도자, 사역자 등 각계각층의 사람들에게 감화를 끼쳤다. 강의나 저작들의 강한 호소력은 자신의 삶의 모든 면을 하나의 생활 영성으로 통합하려는 그의 열정에서 나왔다. 그는 그런 통합의 추구가 우리 문화에 절실히 필요하다고 확신했다.

엮은이_ 존 모개브개브 John S. Mogabgab

미국 어퍼룸출판사(Upper Room Books)의 특별기획 편집자이며, 기독교 영성 생활 잡지 〈위빙스(*Weavings: A Journal of the Christian Spiritual Life*)〉의 창간 편집자이다. 1975년부터 1980년까지 예일대학교 신학부에서 헨리 나우웬의 조교로 강의와 연구 및 편집을 수행했다.

옮긴이_ 윤종석

서강대 영어영문학과를 졸업했다. 미국 골든게이트침례신학교에서 교육학을, 미국 트리니티신학대학원에서 상담학을 공부했다. 「삶의 영성」, 「귀향의 영성」, 「차별없는 복음」, 「존 비비어의 존중」, 「순종」, 「하나님의 임재 연습」, 「하나님 당신을 갈망합니다」, 「결혼건축가」, 「영혼의 창」(이상 두란노), 「놀라운 하나님의 은혜」(IVP), 「예수님처럼」(복있는사람) 등 다수의 책을 번역한 전문 번역가이다.